다시 걸을 수 있다면

안 진 상 시집

다시 걸을 수 있다면

시인의 말

　이십여 년 수필을 써오면서 詩에 대한 생각을 떨치지 못했다.

　글을 쓰며 내 삶을 돌아보는 일이 내게 가장 필요한 여행이자 곧 자신에 대한 여행이라고 생각했다.

　예전에 글쓰기를 공부할 때 시인 공정식 선생님께서 남들이 다 쓰는 잡다한 글보다 네가 가진 것을 쓰라고 하셨다. 지금 이순을 바라보는 나이에 일반적이고 본질적인 것은 다 가졌으나 그들이 가지고 있지 않은 것을 나는 가지고 있었다. 그게 바로 장애였다.

　교통사고로 볼펜조차 잡지 못하면서 아내의 등을 빌려 차를 오르내리고, 일일이 휠체어를 밀고 다니는 걸 보며 가족의 사랑과 헌신을 강조하셨던 것 같다. 항상 낮은 곳에 몸을 두다 보니 하늘을 향해 허리도 펼 수 없고, 어디론가 자유로이 훌쩍 떠날 수도 없고, 계단이 있으면 돌아서거나

포기해야 하는 정서적 굴곡에서 오는 현실적 요소와 감정을 투명하게 펼치라는 것을.

  누구나 제 몫의 고통은 다 가지고 산다. 그러나 늘 내 가슴 한편에 자리잡은 슬픔을 표현하다 보니 연이어 시집을 발간하게 되었다. 삶과 人生이 담긴 이 시집 한 권이 사람과 사람 사이에 공감을 이어주고 동병상련의 아픔을 가진 이들에게 희망의 통로가 되기를 바란다.

  나의 詩에는 눈물이 있단다. 아마 내면에 응축된 아픔 때문이 아닌가 싶다. 그래서 시를 쓰는 줄도 모른다. 그게 굳은 마음을 열어주는 약이었기에…….

  조금은 느리고 부족하게 사는 게 내 삶이라 나는 슬픈 시인이어도 좋다.

2024년 가을에

차례

▌시인의 말 / 안 진 상

 **일일초** 日日草

12 · 일일초 日日草
13 · 해바라기
14 · 안부
15 · 거짓말
16 · 들뜬 봄
17 · 어금니
18 · 갈 곳도 세평, 쉴 곳도 세평
19 · 블랙홀
20 · 마음 꽃
21 · 청춘, 그 찬란함
22 · 기러기 사랑
23 · 값진 교훈
24 · 아내의 무게
25 · 나의 詩
26 · 한恨이 많다
28 · 북
29 · 감춰진 눈물

 **다시 걸을 수 있다면**

32 • 호박잎
33 • 꼬맹이
34 • 살며시
35 • 삽살개
36 • 못된 사랑
37 • 다시 걸을 수 있다면
38 • 하늘 눈물
39 • 가슴앓이
40 • 바람아!
41 • 늪
42 • 어묵
43 • 꽃
44 • 봄날
45 • 청춘 고백
46 • 여백
47 • 기나긴 하루
48 • 걷다 보니

차례

 **운전하는 여자**

50 · 운전하는 여자
51 · 진영역
52 · 가을 愛
53 · 봄날이 간다
54 · 늦더위
55 · 허수아비
56 · 소소한 행복
57 · 지금 이 순간
58 · 값싼 동정
59 · 균형이 무너지다
60 · 시詩를 찾아서
61 · 너
62 · 사랑이라는 건
63 · 시름의 江
64 · 가을 타는 남자
65 · 그녀에게
66 · 통영 후기

4부 정직한 손

68 · 가을비
69 · 어쩌다 보니
70 · 홍시
71 · 정직한 손
72 · 사랑, 그 아픈 독백
73 · 말없이 살라 하네
74 · 텅 빈 고독
75 · 엇박자
76 · 끝없는 유혹
77 · 길 위에 길
78 · 그리움
79 · 궁합
80 · 눈물바다
81 · 사랑, 그 후
82 · 보리암
83 · 시가 뭐길래
84 · 그 남자

 차례

 **마지막 말**

86 · 하늘만 보면
87 · 첫눈
88 · 금병산
89 · 절정
90 · 그 겨울 내내
91 · 그런 인연
92 · 속내
93 · 마지막 말
94 · 뿌리
95 · 말하는 대로
96 · 유채꽃 사랑
97 · 스마트 폰
98 · 명命
99 · 같은 듯 다른
100 · 같은 듯 다른 · 2
101 · 이별의 슬픔
102 · 어머니와 향나무

1부

일일초 日日草

일일초日日草

마당가 새침한 텃밭에
진분홍 일일초가 울타리를 쳤다
다섯 꽃잎 홑꽃에 날아온 검은 꼬리박각시
풀 매던 울 엄니 등에도
꿀단지가 있나 보다
이슬로 돋아 노을로 지는 하루살이 생에도
여기저기 앞 다투어 피어 석 달 열흘 웃는 꽃
향이 없어도
화려하지 않아도
세월이 흘러
알맹이 없는 빈 껍질만 남았어도
누가 흉하다 하리오
그저 한 하늘 아래 있다는 것만으로
내 마음은 날갯짓이다

해바라기

눈부신 햇살에도
싱긋이 웃는 너의 얼굴이
어쩜 그리도 예쁘니
진하지도 않고
그렇다고 가볍지도 않으면서
가끔은 나직이 고개도 숙일 줄 아는
수줍음까지 지녔으니
한때 내 가슴에 갈피를 끼워 둔 그 사랑도
너처럼 웃었지
정한 호수처럼
포근한 꿈같이
금방 헤어지고도 돌아서서 보고 싶다며
조용히 마음을 전하던 그 숙행이
무엇보다 예뻤지

안부

때론
넋을 놓은 바보처럼
진한 술 한잔 들이켜고 보니
인연의 소중함을 알겠더라
기뻐서 만나고
슬퍼서 만나고
한 잔의 잔속에 행복과 눈물이 다 있더라
인연도 짝이 있더라
어차피 떠날 인연은 소리소문 없이 떠나고
남아있을 인연은 밤을 새도 남더라
눈앞에 두고도 잊고 사는 아쉬움
손끝에 닿아도 보기 힘든 그리움
하얗게 타버린 가슴이 혀끝을 톡 쏜다
잘 지내냐고
안녕하냐고

거짓말

단 며칠만
낯 뜨겁게 찾아와 새끼손가락 걸더니
그 믿음 물거품처럼 터트린다
아무 일 없겠지
바쁜 일 있겠지
그저 물 흐르듯이 한나절이 간다
노을 속에 일주일이 묻힌다
어찌하리
온몸에 돋는 이 날카로운 느낌은 뭘까
숱한 밤 찢기고 멍든 가슴이 술 속을 배회한다
내 곁에 와서 잠시 머물다 가는 돈
언제나 행복을 채워주는 천사만은 아니다
돌이킬 수 없는 악마일 수도 있다
선악의 두 얼굴이 무섭다

들뜬 봄

겨울왕국에 요정인가
한 김 식힌 고슬고슬한 고드밥인가
온 천지 하얀 이팝꽃이 모였다가 흩어지고
만났다가 헤어진다
손가락으로 다 셀 수 없을 만큼
하루에도 수만 가지 생각에 사로잡힌 나
왜 그걸 했을까
왜 그걸 하지 않았을까
온전히 사는 데 집중하느라
꿈도 펴보지 못한 채
황혼의 기로에서
피고 지는 꽃한테 한눈파는 걸 보니
시들해진 마음을 달래주는 힘은
아마 봄인가 보다

어금니

진통제 두 알이면 될 줄 알았건만
그간 참고 견뎌온 날들이 너무도 깊은지
그 고통 이루 말할 수 없다
톡 쏘는 콜라의 쾌락에 빠지고
불만의 꼬리표가 붙을 때마다 위아래로 깨물었다
때론 현실을 꿈까지 가져와 얼얼하게 갈고 갈았다
폭풍에 흔들리는 가로수처럼 솟구쳐
아이스 아메리카노에 소스라쳤다
가는 실 한 가닥에도 못 이겨
덩그러니 뽑혀 나오던 젖니가
치열한 세상 밥 한 그릇 뚝딱 비운 게
뿌리가 두 갈래로 가라진 그 비장함을 어떻게 알까
이제는 여물고 질긴 걸 피하고
싱겁네 짧네 쎄대지 말고
무른 것만 골라 우물거리며 살라한다

갈 곳도 세평, 쉴 곳도 세평

혈혈단신
하얀 감꽃으로 피어
홍시 웃음 머금지 못하고
소태같이 쓰디쓴 세월
눈물로 일구어
밭고랑 주름살에 검버섯 심고
마른 혀 입천장에 둥글게 말고
베옷 한 벌에 떼 이불 덮어 셨네
재너머 지는 해
붉은 혈 토할 때
바람에 제 몸 맡긴 명(命) 다한 구름은
갈 곳도 세평이요
쉴 곳도 세평이라

블랙홀

길바닥에 떨어진 동전처럼
자신도 추스르지 못하는 몸이
장롱과 침대 틈에 끼어 지독한 단절에 빠졌다
풀숲에 버려져 울부짖는 뭇새처럼
몸부림을 칠 때마다 한 움큼씩 다가오는 두려움
얼마나 더 눈물이 범람해야 하나
얼마나 더 악을 써야 하나
그 무엇도 할 수 없는
막막한 고립만이 자리를 지킨다
세상과 연결할 수 있는 유일한 통로인 핸드폰은
손끝에 닿을 듯 말 듯
수명이 다한 배터리처럼
긴긴 이별을 예감할 시간이 온다
하나뿐인 빛이 가라앉고
하나뿐인 어둠이 꿀꺽 넘어갈 순간
구급차 소리가 굳게 잠긴 철문을 흩뜨린다

마음 꽃

한 잔 술, 한 모금에
분홍빛 꿈을 꾸던 수많은 인생술집
한동안 불타는 숯불에 안절부절못하더니
홀로 남은 적막만이 스치고 간 사람들을 기다린다
천년만년 대박 날 것 같더니
돈 세다 지쳐 잠들 것 같더니
이젠 다 망해 굽도 젖도 할 수 없는
메마른 호접난만 길모퉁이를 지킨다
다시 생명을 이어갈 수 있을까
묵은 응어리 다 떨구고 싱그레 웃을 수 있을까
시든 잎을 자르고 오아시스처럼 물을 주니
마지막 남은 잎사귀 밑에서
꽃대를 쑥 빼올리며 꽃송이를 단다
생명을 귀하게 여긴 그 마음에
예쁜 냄새가 난다

청춘, 그 찬란함

앗! 뜨거
불난다 불나
단 한순간도 헛되이 핀 적이 없는 꽃이
온몸을 다해 벌나비를 부르듯
허락된 시간 동안 푹 끓인 삼계탕 앞에서
벌겋게 달아오른다
다리를 꼬고 누운 발가벗은 햇닭처럼
배꼽이 보이는 크롭 티셔츠에
터질 것 같은 핫팬츠
무심하게 모아 올린 긴 머리
예나 지금이나 젊음은
머뭇거림도, 거리낌도, 눈치도 보지 않고
저만의 색깔과 모양으로 도발을 한다
가루로 뿌려질 몸에 백약이 무슨 소용 있으랴
사방에서 달려드는 더위가
시원하게 느껴지는 여름이 참 고맙다

기러기 사랑

긴 겨울 위를 떼 지어 날아와
화포천 갈대숲에서 몸뚱이를 파르르 떨며
알아들을 수 없는 말처럼
꺼우꺼우 소리를 높이는 게
인생과 닮지 않는가
눈만 뜨면 주린 배 채우기 위해 속 끓이다가
저물녘이면 맨가슴으로
헤어나지 못할 듯이 난리를 치며
마지막 한 방울까지 뜨겁게 쏟아내고
날 새면 이내 아무 일 없는 듯
아무렇지 않다는 듯
온갖 사연 다 묻어버리는 이것을
우리는 사랑이라 하였다

값진 교훈

쫑긋 선 귀
새카만 눈동자
풀숲에서 종종걸음 치던 생쥐가
파란 하늘 한 아름 안고
옥탑 위를 나는 저 기분은
결코 가볍지 만은 않을 것이다
한순간의 유혹을 떨치지 못해
쥐도 새도 모르게
황조롱이 발톱에 바람 앞에 등불 신세
살려고 기를 쓰기보다
속살이 갈기갈기 찢어져도
제 한 몸 남을 위해 줄 수 있음이 얼마나 거룩한가
열흘 남짓 피었다 지는 꽃처럼
향기를 남기고 가는 사람이 되기란 쉽지 않다
헛된 꿈과 제멋에 취해 사는 우린
누군가에게 내 것 하나를 뚝 떼어
어렵지 않게 줄 수 있을까

아내의 무게

군데군데 패인 자국이 오롯이 남은 승용차가
장애인 주차장에 납작 엎드려 있다

휠체어를 세우고
조수석에 앉혀 안전띠를 채우기까지
수많은 동작을 반복해야 하는 시간

아내가 살며시 등을 내준다
업혀야 오를 수 있는 정해진 운명 앞에
항상 가볍기를 바라는 간절한 염원

살아 꿈틀거리는 세포와
혈관 속에 남은 피를 모조리 버리지 않고서야
어찌 새털처럼 가벼워질까

요동치는 다리의 전율이
갈비뼈를 파고들어 심장까지 멈춘다
그대로 벌떡 일어섰으면…….

오늘도 작은 등 뒤에서
허리 한번 토닥여주지 못한 바보는
묻은 먼지마저 털어내며 어깨를 감싼다

나의 詩

나의 詩는
고칠 수 없는 병에 걸렸다
거친 세월 속에 나라서
나이기에 한숨만 쉬었다
하늘에 곱게 피었다 지는 무지개에 꽃을 심어도
언제나 말라비틀어진 불모지에 잡초다
쏙쏙 뽑아낼 땐 뿌리째 고사당한 것 같더니
언제 또다시 키만큼 웃자라 있다
달래꽃처럼 앙증맞게 웃어도
갓꽃처럼 당당하게 웃어도
모두가 칙칙하다 못해 구질구질한 아우성이다
죽을 고비를 몇 번 넘긴 듯
일고의 가치도 없는 나의 詩는
어제도 오늘도
또 내일도
상처 난 시간을 쓸쓸히 메운다

한恨이 많다

참 한이 많다
작은 초등학교 총동창회에서 들려오는
낮술에 반쯤 취한 노랫소리가

모두 다 잊고 모두 다 잊고
어디론가 떠나고 싶다니
당신 없는 세상은 단 하루도 살 수 없다며
밧줄로 꽁꽁 묶어란다

웃으며 세상을 살면서도
말 못 할 사연 숨기고 산다니
사랑한다 말 한마디만 해주면
사막을 걷는다 해도 꽃길이라 생각한단다

왜 남자라서 가슴을 열고 소리 내어 울지도
왜 여자라서 설움을 지닌 채 혼자 고달파했는지

가을 햇살이 여유로운 한낮
소주 한잔 걸치면 저 노래가사처럼
골치 아픈 사연 전쟁 같은 시름 다 떨칠 수 있나

직장에서 눈물도 흘려보고
사랑하는 가족을 먼저 떠나보내기도 하고
나아갈 방향을 몰라 하고 싶은 것
하기 싫은 일을 하며
쓴맛을 온몸으로 느끼는 게 인생 아니더냐
웃음이 거나하다

북

오동나무속을 깊숙이 파내어
소가죽을 줄로 엮어 채로 두드리며
민중의 삶을 소리로 담아내던 북
오른팔을 높이 들어 힘차게 후려치는 게
보기만 해도 섬뜩하지만
맞아도 맞아도 그 아픔을 견디는 건
덩실덩실 어깨춤이 신명 나기 때문이다
그러나 이 시대에 중년들은
매일 같이 권력의 역겨운 짓거리에 얻어맞으면서도
너처럼 소리 한번 지르지 못하는구나
살고 싶은 대로 살기보다
살아가는 대로 사는
마음과 육신이 술 한잔에 녹초가 되는
가정과 사회의 꼭두각시
단 하루만이라도 가면 쓴 탈을 벗어봤으면

감춰진 눈물

냉정과 독단
편견과 위선의 소용돌이에서
연일 좋은 일만 생기고
인간미 물씬 풍기는 사람만 만날 순 없겠지
꽃그림처럼 기뻐서 웃을 일도
슬프거나 아파서 한숨으로 긴 밤을 지새울 일도 많다
그럴 때마다 허물을 끊어내듯
향기가 폴폴 나는 부드러운 티슈로
엿기름처럼 밀려 나오는 콧물도 닦고
툭하면 저지레 놓은 강아지 똥오줌도 닦고
내 사랑 볼까지 타고 내린
구슬 같은 눈물은 다 닦아주면서
내 가슴에 고인 피눈물은 왜 꾹꾹 삼켰을까
가끔은 남자도 운다
소리 없이 눈물 없이

2부

다시 걸을 수 있다면

호박잎

세상이 변해도
살아가는 방식이 달라도
타고난 입맛은 변하지 않는 것 같다
툭박진 언덕에서 호박잎을 따다가
껍질을 벗기고 손바닥으로 쓱쓱 비벼
뜸 들이는 밥 위에 찐다
땡고추 푸짐하게 썰어 잘박하게 지져낸 된장찌개와
한 입 크게 싸 먹으면
한여름 어느 쌈에 비할 바가 아니다
근데 예전에 그 호박잎이 아니다
아무리 문지르고 쪄도 억세서 목에 걸릴 지경이다
내가 키운 거라던 할머니의 얄팍한 장사 수완에 속았다
가을이면 누른 늙은 호박잎이 아니라
단호박인지 애호박인지 뭔 이파린지 모르겠다
마당 한편에 모깃불 피워 놓고
반보리밥에 호박잎 쌈이 생각나는 요즘이다

꼬맹이

3월!
바로 그 첫날이 왔다
봄의 길목에서 하얀 강보에 싸여
가냘프게 하늘거리던 배냇짓 미소에
까르르 웃음보따리다

사방을 살피려 동글동글 동공이 커지고
새록새록 숨 고르는 소리에
공연히 감기라도 걸려 탈이 날까 봐
마음이 걱정을 싸맨다

11월!
언제 이렇게 참 빨리도 왔다
멋있게 물드는 가을에 옹알이를 하고
뒤뚱뒤뚱 궁둥이를 들썩이는 모습이
간신히 잡은 나뭇가지 같다

으~음마
바라볼수록 더 생각나고
잠이 들면 미소가 들어 함께 하고 싶고
부르고 싶은 우리 예준이
"사랑해"

살며시

온종일
어금니를 굳게 앙다문
삶의 끝처럼
생의 종착역처럼
멀리 있던 마음을 가까이 가지고 오는 마음에
미소가 퍼진다
기다림도 약이다
나사가 풀린 듯
내 마음을 내 마음대로 하지 못한다
내 안에 빈자리가 다시 채워진다
사랑한다는 말보다 아직 못다 한 말에
나도 모르게 길들여진다
사랑은
바보가 되고서야
진실한 사랑을 알 수 있음을

삽살개

낮에는 코빼기도 안 보이던 놈이
밤이면 황갈색 머리를 풀고
달을 향해 긴 울음을 토하며 날궂이를 튼다

대궐 같은 집에 삼시세끼 고기반찬에
도둑이나 잘 지키면 될 것을
혼란스러운 세상짓거리처럼

돈만 보면 사족을 못쓰는 양아치들
이름값 자리값 못하는 꼬라지들
뒤가 켕기면 기억 타령하는 또라이들

귀신도 잡는다더니
어이해 저것들 다 안 잡아가고
눈을 희번덕이며 뒷다리를 번쩍 드는가

못된 사랑

사랑아!
너 참 못됐다
사랑을 두고 사랑을 한다면
그 사랑을 사랑이라 말할 수 있니
새봄이 온 것처럼 살랑바람이 부는데
어떻게 아무도 모를 거라 생각하니
넌 그 사랑이 늘 네 편인 듯 배려하고
세상을 다 얻은 듯 바라봐 주는
내로남불이라 할 테지
착각하지 마
그거 로맨스 아니야
한순간에 모든 걸 잃고 비탄하는 스캔들이야
무섭지 않니
사람들의 눈빛이 얼룩진 말들이
진정 로맨틱러브는
기쁘면 기쁜 대로 슬프면 슬픈 대로
고비를 넘기며 맞춰가는 것이다
왜 사랑을 아프게 하니

다시 걸을 수 있다면

정월 초하루 어스름을 뚫고
붉게 속살을 틔운 태양 앞에서 그랬고
대보름 앙상한 빈가지에 걸린
만월을 보며 손을 모았다
"다시 걸을 수 있다면"
그러나 늘 바라던 소망처럼
내게 별다른 변화는 없다
여전히 우울증처럼 속앓이는 계속되었고
기쁨의 쾌재는 오랜 기다림이었다
어제도 여윈 가슴에 아슴푸레 찾아들던 달은
황급히 장막을 쓰고 추락했다
언제나 내 심연에서 잠시도 떠나지 않던 바램은
속절없이 반복될 것이다
순탄하지 않을 거란 걸 뻔히 알면서

하늘 눈물

겨울을 머금은 나무 밑동에
하얀 관을 주렁주렁 꽂은 골리수처럼
바싹 마른 몸이 링거를 줄줄이 매달았다
가슴에 패치를 붙이고
입에 진통제를 틀어넣으면서도
더는 못 버티겠다던 극한의 통증은
차라리 죽고 싶다며 죽음을 받아들였다
"왜 내게"
"왜 나만"이라며
그토록 살고파 했던 마흔 끝자락
물밥 한 톨마저 거부하던 무거운 침묵이
클래식 장송곡처럼 낮게 흐른다
아무도 소리 내어 울지도
눈물 흘리지도 않는 인정머리 없는 세상
이제야 알겠다
죽음도 평범한 일상의 한 부분이라는 것을
누구나 한번은 맞이한다는 것을
그 또한 있는 그대로 받아들인다는 것을

가슴앓이

캄캄한 빛이 지천을 뒤덮은 밤
열린 창문사이를 수시로 훔쳐보던 달처럼
통통 부은 얼굴로 온몸 구석구석을 더듬는 선풍기
매일같이 홀로 끙끙 앓다가
사막에 버려진 듯 사그라든다
열정도 누군가의 가슴에 머물러야 아름답다
심장이 터질 것 같은 젊은 날도 아닌데
숨이 멎어도 저항조차 할 수 없는
이기적인 사랑은 두렵다
다툼처럼 미쳐 날뛰기만 한 연애는 버겁다
망설이지도 않고
내 감정, 내 기분은 살피지도 않는
땀띠 꽃만 맺힌다

바람아!

바람아!
소나무 가지에 앉지 마라
뽀얀 꽃가루 온몸으로 맞던 저 뫼가 안 보이느냐
쏟아지는 달빛을 쓰고
헐 말 안 헐 말 묵묵히 다 받아내던
내 어머니 보고 싶다

바람아!
나락 머리에 눕지 마라
무논 스무 마지기에 속살까지 옹이 진 게
안 보이느냐
담배 한 개비에
쭉정이 같은 마음 꾹꾹 누르던
내 아버지 보고 싶다

늪

여름 볕이 더럽게 뜨겁다
겨울날이 지독하게 찹다
사람이라면 사람끼리 서로 부대끼며 살아야 하거늘
돈을 비켜가지 못한 삶이 늘 아픔을 만들고
슬픔에 가둔다
사람도 가진 게 있을 때 모인다
사랑도 향기로울 때 머문다
있다가도 없고 없다가도 있다는 말
어느 오줄없는 놈이 주껜 소리다
없으면 점점 더 줄고
있으면 더 많이 느는 것
털어내도 털어내도
번뇌처럼 달라붙는 남루한 생이 갈 곳이
여기밖에 더 있으랴
가로등도 때가 타 허물어진
거죽만 남은 단칸방

어묵

깡마른 몸에 허리가 반쯤 꺾인 할머니가
어묵장수의 눈에 핏발이 섰는데도
꼬치 하나를 수십 번도 더 들었다 놨는다

그 절실함은 곧바로 큰 힘이 되었다
쫄깃하고 탱글탱글한 어묵들 사이에서
몰랑하고 부들부들한 걸 찾았다

본전은 뽑았다
500원의 가치가 사람마다 같을 리 없지만
몇 푼 아끼려고 낌새를 몰랐던 게 아니었다

늙으면 속도 늙는다며
부드러운 걸 골랐던 것이다
횡재는 할머니가 아니라 주인이 했다

거들떠보지도 않던 걸 돈을 주고 먹었으니
머지않아 나도 바람처럼 다가올 시간을
선물처럼 받아들여야지

꽃

늘씬한 키에 명품가방 할리우드 여배우처럼
잔뜩 멋을 부려 백화점에 가도
그대만의 개성이고
수수한 차림으로 시장에 가도
그대만의 취향이다
살다 보니
외모가 그 사람의 절대적 진실인 양
판단하는 씁쓸한 현실
사람을 바라보는 일에 한쪽으로 치우칠 수 있으랴만
서로 다른 삶 앞에선 늘 할 말이 많다
꽃이여!
그대는 무아화無我花인가
고결한 성화聖花인가
옷을 벗어버리면 끝이 나는 사치보다
누추해도 착실하게 살아가는 그것이
바로 사람의 원모습이 아닐까

* 무아無我 ; 자신의 존재를 잃어버리는 것

봄날

간혹 하루쯤 여유를 내어
어수선한 일들이 깔린 현실을 도피한다
시원한 바다에서 그리움도 채우고 싶고
호젓한 휴양림에서 피톤치드로 영혼도 씻고 싶다
꽃들의 향연에 스멀스멀 다가오는 졸음
하품한다고 한마디 거들었더니
핸들이나 한번 잡아주고 그런 소릴하란다
운전하는 남편 옆에서 새삼 편하게
커피를 마시며 공주처럼 자고 싶단다
그러고 싶다
미치도록 그러고 싶다
지워진 것만 같았던 나의 발자국들이
나를 빤히 본다
하늘이 맑을 때도 번개가 친다는 걸
사랑하는 사람 앞에선 할 말을 다 할 수 없다는 걸
전깃줄처럼 거리를 유지해야 한다는 걸

청춘 고백

50분 수업에 쉬는 시간 10분
조회 후 졸음과 4시간을 싸워야 하는 지옥
한 치 앞이 안 보이는 운동장 짙은 안개 속에서
어른 흉내를 내던 창의적 체험활동이
초유의 사태를 불러왔다
학생주임한테 불씨보다 냄새가 딱 걸렸다
대가리 소똥도 안 벗겨진 것들이
뼈가지 녹는다며 생명체가 내뿜는 거대한 폭발에
미성숙한 콧구멍으로 갈라낸 긴 한숨
급히 밟아버린 꽁초가 아쉬운 듯
손가락 사이에 끼운 볼펜을
순간순간 빨아들이던 반성 없는 반성문
정월 대보름을 에워싼 아침 안개가
골방에서 오소리를 잡을 듯 뿜어대던
연기처럼 활개를 친다

여백

푸르름으로 술렁였던 낙엽은
지금 어디로 가는가
휘날림이 광폭한 눈보라도 지금 어디로 가는가
끝없이 고뇌하며
더딘 듯 빠르게 한 생을 살다가
마침내 여생을 여미는 나는 지금 어디로 가는가
눈물을 가누지 못할 때
그 무엇도 위로되지 않을 때
마음이 아파 시 한 수 쓰고 싶을 때
문이라 여긴 것이 또한 벽이 되는 서재
나를 돌아보고 또 다른 나를 만나는
사유의 여백이다
아주 완벽하게 잘생긴 시보다
어딘가 좀 어리숙하고 엉성한 구석이 있는
그런 시와 차 한잔하고 싶다
꽉 찬 것보다 외려 조금 덜 찬 것이 만만하고
심지어는 솔직한 것 같아서

기나긴 하루

오늘도 여전하다
어제와 하나도 다르지 않은 기막힌 더위

산과 하늘이 비치고
부초가 둥둥 떠다녀야 할 들판이
사막으로 변해가는 뙤약볕 아래
까맣게 그을린 한 남자가 앉았다 서기를 반복한다

뒤꿈치가 터지고 등살이 익도록
수레를 끌고 종종걸음치던 농부는 어디 가고
덤프트럭이 먼지를 풀풀 걷어차며
흙을 한 아름 쏟아부으면
인간의 존엄을 철저하게 무시하는 포클레인

어찌하여
숲을 훑은 바람 한 줄기도 보이지 않는가
왜 아가리를 쩍 벌리고 빗방울을 쏟아내는
먹구름은 어디로 갔는가
왜 우리는 몸을 쓰는 고된 땀의 가치에
주목하지 않는가

걷다 보니

볕이 더할 나위 없는 날
지천에 피어있는 들꽃에 발길을 멈춘다
혼자가 편한 것임을 아는 나이
그물처럼 얽혀 술잔을 기울이던 많은 관계도
오늘만은 놓고 싶다
봄처럼 짧은 세월에
갯버들 솜털보다 내 머리털이 더 희다
인생이란 게
한마디로 콕 집어 말할 순 없어도
취함보다 비움일 텐데
이 몸은 여태껏
한 알의 밀알도 못 되었으니
저녁 노을빛에 걸터앉아 돌아보니
밥 먹고 사는데도 만족 못하는 난
아직 인생 참맛을 논하기 이른가 보다

3부

운전하는 여자

운전하는 여자

하늘이 물색이라
주변이 더 밝게 보이는 끝없는 허공
길섶에 피어있는 이름 모를 들꽃에도 집중 못하고
반쯤 풀린 눈으로 잡은 운전대
하얀 점선 따라 좌우 폭을 맞출라
안전거리 확보하랴
액셀과 브레이크 번갈아 밟으랴
라디오시대 애달픈 사연 들을라
머리에서 발끝까지 쉴 틈이 없다
정작 그 어떠한 미사여구도 찾지 못한
텅 빈 내면을 채운 건 옥수수 세 개
앞니로 갉고 어금니로 곱씹어
온전히 믿는 내 마음까지 더불어 담은 위胃
잘 먹어서 이쁘고
이것저것 가리지 않아 좋다마는
골칫거리 뱃살은 어쩌잔 말인가

진영역

살아있는 것은
온통 물들어 풍경을 바꾼다
살아있기에 바래고
살아있기에 비우고 또 비워낸 역사驛舍는
늦가을 작은 바람에도 몸을 떨구며 손을 흔든다
삶의 무게마저 가벼워지는 시간
저무는 일은 흔들리는 일이다
흔들리면서 내 삶의 중심을 깊이 느껴보는 일이다
세월에 몸을 맡긴 채
가야 할 때를 선명하게 아는 기차
색색의 팬으로 마음을 꾹꾹 눌러쓴 편지 한 통에
청춘의 기록들이 그리움으로 증폭한다
오는 마음은 처음이 되고
가는 마음은 마지막이 되는 플랫폼에서
조용히 누군가를 기다린다는 것은
참 설레고 예쁜 일이다

가을 愛

파도의 흔적이 자욱한 대포항 방파제에
가로등이 자리를 깔고 누우면
소주 한잔 앞에 놓고
인연에 목마른 자는 인연을 만들고
사랑에 굶주린 자는 사랑을 만난다
가슴과 가슴으로
마음과 마음으로
어디 인연이 철 만난 전어처럼 기름지기만 하던가
어디 사랑이 꼬숩기만 하던가
간혹 살을 씹다가 잔가시에 목을 찔끔 찔리기도 하고
설악초처럼 자연의 리듬에 몸을 맡기다가
때가 되면 지고 마는 게 인생 아니더냐
비록 직립이 허물어져
물새처럼 자유로울 수 없어
영원의 순례자 같아도 후회는 없다
마음을 모아 함께 가는 이 길이
내겐 낮달 밤별보다 더 소중하기에

봄날이 간다

봄이다
연한 속살을 보이던 꽃망울이
온종일 회백색 어둠에 묻혔다
고작 마스크 한 장으로
미세먼지 바이러스 다 막는다
기름값보다 물값이 비싼 나라에서
하마처럼 생수 2리터를 마신다
위장에 가득 찬 물이 다 어디로 가겠는가
여기저기 부딪히며
막힌 몸뚱이 사이사이를 돌고 돌아
송골송골 땀과 짭조름한 눈물과
슬그머니 꼬리 내리는 오줌으로 생명을 키운다
선명한 세상을 바라며 거르고 걸러서…….
부쩍 밖으로 불러내던 따뜻한 공기도
분홍의 살랑거림도
그렇게 또 하루의 봄날이 간다

늦더위

구름이 많아
다소 쌀쌀하다는 기상 캐스터

오전 내내 땀에 젖은 운동복을 씻어 넌다
이틀째 먹었던 카레는 이제, 그만
칼칼한 국물이 그리워
컵라면을 푼다

후루룩
젓가락질 세 번에 덩달아 끝나버린 설거지
종이컵에 막대 커피 멀뚱히 저어
쓰윽 내밀고
소파와 한 몸이 된다

혈관을 타고 흐르는 그 달콤함을
내려놓을 수 없어
단숨에 마시니
일기예보가 오보인 듯하다
이내 가슴은 이리도 활활 타는데

허수아비

바지게를 진 아버지의 넓은 등처럼
반질반질 갈아놓은 들판
모찌랴
모춤 던질라
못줄쟁이 성화에 허리가 잘려나가도
두 팔을 벌린 채
한 해 농사 절반은 지었다며
내년 농사를 걱정하던 게
네가 아니더냐

커다란 얼굴에 종일 햇살을 얹고
넘칠 듯 말 듯 물꼬를 움켜쥔 채
머리를 쪼아대던 참새가 똥을 한 무더기 갈겨도
모든 걸 혼자 감당하고 버티던 게
네가 아니더냐

백 마디 말보다 그저 묵묵히
비렁뱅이 홑껍데기 한 벌 걸치고
찬 서리 내린 논바닥에서 얼은 종아리 쑤욱 빼내
들불에 제 한 몸 여미던 게
네가 아니더냐

소소한 행복

깨끗한 도화지 같이
차디찬 얼음장으로 바뀌는 계절이 오면
헛헛한 마음을 달래주던 일등공신 군고구마
손바닥에 올려 황금빛 속살을 한 잎 베어 물면
장작불 같은 온기가 입안 가득 퍼진다
거기에 못지않은 게
꼬리부터 먹을까
대가리부터 먹을까
고민하게 만들던 붕어빵
하얀 봉투에서 한 마리 한 마리 꺼내먹던
달콤함에 유난히 추웠던
아슬아슬한 겨울이 지나간다
늘 아름다운 건 잠시뿐
이맘때가 아니면 느낄 수 없는 맛
황설탕을 잔뜩 넣은 호떡으로
낙엽비 묻은 마음을 치유하련다
행복은 그리 멀지도 큰돈이 들지도 않으니

지금 이 순간

깔끔하게 단장한 대형마트
장애인 주차구역에는
중심을 잡지 못한 마음이 있다

근접하게 돌진해 제 몸을 앉히던 승용차
오지랖 넓은 눈이 붙임성 좋은 남자에게
"멈춰라"
"그곳은 그대가 넘봐선 안 될 곳이다"며
몇 주먹 날리고 싶지만 서둘러 내 눈을 피한다

그 누가 자신의 운명을 알겠는가
언젠가 듣지도, 보지도, 지팡이 없이 걷지 못할 때도
내 일, 내 가족 일이 아닌
나와는 상관없는 일이라 하겠는가

세상일은 아무도 모른다
소망하건대 장애인을 위한 배려와 의무를
착각하지 않는 어른 다운 어른이
단 한 명만이라도 있었으면

에라! 모르겠다
옆에서 말똥말똥한 눈 치켜뜨고
퉁퉁 부은 관심 좀 접으란다

값싼 동정

구겨진 종잇장처럼
책상 앞에 앉아
오래 묵혀왔던 나의 내면을 펴고 있다

비가 오고 바람이 지나고 난 뒤
창틀에 찰싹 붙은 뿌연 먼지처럼
발길 옮기는 곳마다 빗금 간 자신의 마음을
애써 감추는 중년 남자

"방충망이나 깨진 유리창 갈아드려요"
사람 사는 게 다 그렇지
살기 위해선 어쩔 수 없는 거지

가슴이 아프다
언제나 함께 웃고 울던 꽃다발 같은 사랑이
믿음의 두께가 얇아
등을 돌리고 말았나보다
똑같지 않은 서로를 이해하고 보듬는 일이
그리 쉽지만은 않으니

균형이 무너지다

수레를 끌고
논에 가자는 말에
가뭄에 몸피가 벗겨진 새섬매자기 같다

낫과 호미를 챙겨
밭에 오라는 말에
푸진 밥맛도 달아나던 쓴 머윗대 같다

아버지 입에서
화약고처럼 터트리던 논과 밭은
축담처럼 높지도
뒷간처럼 멀지도 않았다

올려만 봐도 어질하고
내려만 봐도 메슥거리던 게
한생이 다 하고 나니
들(野)은 솟았고 산(山)은 꺼졌다

마당 넓은 집에서
하늘을 덮고 자던 게 엊그젠데
안방에서 구름을 깔고 잔다

시詩를 찾아서

이른 봄날
선한 미소에 벚꽃처럼
얼굴에 핀 웃음 한 송이도 詩데
며칠째 각오한 듯 사라져 돌아오지 않는다
핑크빛 솜사탕을 나눠 먹으며
다정하게 사랑을 나누던 로망스다리도 詩고
엿가락 늘어지듯 각설이의 헝클어진 춤사위도 詩고
더 이상 기차가 다니지 않는
철길을 따라 걷던 가지런한 그림자도 詩다
아무리 보아도 내게는 모든 게 詩데
말문이 턱 막히는 그런 詩는 없다
제목도 적지 못하고 앉았으니
매일 매 순간 궂은일 마다치 않던
아내의 뒷모습이 스친다
저게 바로 詩다
내 가슴 아린 슬픔의 詩

너

세월이 참 빠르다
아무도 모르게
따스한 봄 햇살처럼
살며시 맺어준 소중한 보물
장미꽃보다 예쁘고
시詩 보다 더 향기롭다
어느새 5년
훌쩍 커버린 너
보고 싶고
안아보고 싶은 내 마음
어찌할 바를
모르겠다

사랑이라는 건

사랑이라는 건
끊임없이 솟아나는 우물이다
다 퍼준들 아깝지 않은
넉넉한 보자기다
주고
주고
또 주어도
더 주고 싶은 게 남았다면
그것은 아마도
사랑한다는 천만번의 말보다
온종일 마음에 그대 생각으로
가득 찼다는 게다

시름의 江

불도저 포클레인 나랏돈 퍼 먹여서
유장히 흘러가는 물길만 끊었구나
보아라
눈이 있다면
살았는지 죽었는지

일자리 수상관광 빛 좋은 개살구야
남조류 이끼벌레 국민 위한 대역사냐
보아라
증세 반대에
핏대 돋는 이유를

가을 타는 남자

쉽게 말하지 마라
함부로 말하지 마라
행복해서 웃는 것이 아니라 웃으니 행복하다고
새는 즐거워도 울고 꽃은 슬퍼도 웃는다
웃고 싶지 않은 이 있으랴
울고 싶어 하는 이 있으랴
삶이란
후하게 웃을 일보다
남몰래 숨기고 감출 고민에
매일같이 높은 절벽에서
저 캄캄한 천 길 만 길 밑으로 떨어진다
언제쯤
고쳐지지도 않고 속 가슴만 태우는
가을병病이 나을까

그녀에게

사람의 아름다움은
예쁘고 잘생긴 외모보다 마음이다
만남으로 흐르는 숱한 세월
팔뚝만 한 고구마
속이 꽉 찬 알밤 두어 되 얻었다고
인복을 들먹이는가
단 한 번이라도 급히 달군 그릇이
쉬이 금이 간다는 걸 생각지 않았는가
공짜란 없다
물질로 생긴 감정은 욕심이다
불변의 뜨거운 정 나누며
강풍에도 자리를 지키는 나뭇잎 같은
그런 인연이 정녕 참답다
정작, 귀한 존재는
가슴으로 손길로 아름다운 기억으로 남는다
늘 그렇게……

통영 후기

찬바람이 소박히 피어나고
손 뻗으면 닿는 곳
부표를 에돌던 멸치배의 고동소리에
오동나무 잎사귀만 한 엉덩이를 퍼질러
굴의 환부를 도려내는 여인
삶을 묵새긴 멍에가 측은하기 그지없다
슬쩍, 섬의 알몸을 어루만지던 파도는
그저 잔물결만 찰랑 일뿐
죽겠네
죽겠네 하면서
고작 하루 밥 세끼 때문에 법석이다
산다는 게 다 그렇고 그렇다
욕심내 봤자
눈물 빼 봤자
어차피 내 맘대로 안 되는 거
허물이 보이면 슬그머니 덮어주라며
소주 몇 잔을 연거푸 들이킨다

4부
정직한 손

가을비

빛나는 별을 닮은 그대의 맑은 눈에
왜 빗물이 고이는가
네온 불에 흠뻑 젖은
웃음도
눈물도
사랑인 줄은 알았으나
이렇게 슬플 줄 알았더라면
메리골드처럼 행복해하지 않았을 걸
어디로 가기에
어디서 머물기에
저리도 흔적 하나 남기질 않나
붙잡을 수도
따라갈 수도 없어
곰삭은 마음 가을비로 내린다

어쩌다 보니

시간에 쫓기기 싫어
시침時針보다 더 느리게 가고 싶지만
아빠의 자리가
남편의 자리가
가장의 자리가 어디 그렇든가
힘이 없는 힘을 쥐어짜며
새빨간 분침分針처럼 바람소리를 내며 달렸다
오로지 살기 위해서
먹고살기 위해서
입술이 들뜨게 숨을 게워내고 보니
술 한잔 걸치기라도 한 듯
삐딱하게 기울어진 채 뚝딱거리는 초침秒針같다
어이야!
어차피 한세상 시간에 끌려가지 않은 자
누가 있으리오
시달리고 들볶인 시름을 훈장으로 여기며
이제 오롯이 나로 살고 싶다

홍시

까악 까악
속죄의 잔도 올리기 전
상석에 놓인 날큰한 홍시에
안달 난 까치와 까마귀
"에끼 이놈들"
어디에다 눈독을 들여
들은 둥 마는 둥 봉분을 넘나들며
이제와 그래 본들 뭔 소용이냐
다 네 속 편하자고 하는 짓이지
바쁠 테니 후딱 절이나 하고 내려가란다
평생 떫은 인생을 살다 보니
웃음을 몰랐던 부모님
숟가락으로 폭폭 떠드시고 나면 너희들이 먹거라
가끔 가까이서 웃겨도 드리고 말벗도 해드리렴
내가 못한 것들을……
가을이면 내 얼마든지 갖다 줄 테니
그게 뭣이라고

정직한 손

쓰윽 내민 그녀의 손에서
풀을 잔뜩 먹인 한지처럼 서걱서걱 소리가 난다
삼십 년을 넘게 다친 신랑 위하다 보니
허연 보풀이 일어난 것이다
유난히 푸른 핏줄이 툭툭 튀어나오고
마디마디 저린다며 틈만 나면 주무른다
고약한 습진에 걸린 손톱을 숨기려고
칠한 매니큐어가 얼룩덜룩 벗겨졌다
부드럽게 다듬어 질 좋은 크림을 바르면
어여쁘던 그때로 돌아갈 수 있을까
내가 아프면 약을 건네주던 손
손이 작아서 늘 밥도 적게 하던 손
무엇보다 생이 다하는 날까지 놓지 말아야 할 손
그 손에 고스란히 담긴 주름은
바로 하루하루를 대충 살지 않았다는
당당한 증거다

사랑, 그 아픈 독백

사랑하는 사람을 곁에 두고도
왜 이토록 허전한가
그윽한 향기에 차 한 잔을 마셔도
왜 이토록 고독한가
가을빛이 사르르 물결쳐도
멍하니 먼 곳에 눈길이 머무는 이유를 안다
가슴에 아픔이 한 움큼이면
눈물이 한 바가지라는 걸
한철을 살다 가는 꽃처럼 살고 싶지만
한 세상 묵은 몸뚱이로 살려니
그대를 힘들게 한다
자유롭게 놓아주는 그런 사랑이 아름답다고
천만번 더 썼다가 다시 지운다
오늘도
그대를 향한 마음을
하나도 정리하지 못했기에

말없이 살라 하네

슬퍼서 괴로워서 주먹을 불끈 쥐고
비참해서 불행해서 발로 걷어차는
일들이 얼마나 많은가

행복하다가도 슬퍼지고
눈물을 보이다가 다시 웃음 짓는 게 삶인데
꿈도 희망도 없다며 눈을 부릅뜬다

장구를 치며 노래하던 마을잔치도
산허리를 굽이굽이 감아 돌던 야호소리도
지축을 흔들어 놓을 듯한 부부싸움도
이제는 마음에 문도 현관문도
굳게 걸고 채워야 비극에 휩싸이지 않는다

저걸, 저걸
그냥

아! 참자
더럽고 아니꼬워도 올렸던 손을 내려야 한다
못 본 척 뒤로 물러나야 한다
그게 사람답게 사는 거란다

텅 빈 고독

비가 온 뒤 잠시 왔다 가는 햇살에도
외로움이 있나 보다
가슴이 퍼렇게 멍들어도
속 시원히 붙들고
술 한 잔 나눌 이 없는 나처럼

바람의 숨소리에 덩달아 춤을 추는 갈대에도
외로움이 있나 보다
밤새 우수에 젖을 때
눈물을 보이는 건 수치가 아니라며
전화 한 통 해줄 이 없는 나처럼

투쟁을 하듯 가지에서 툭 떨어진 동백 꽃봉에도
외로움이 있나 보다
숨 가쁘게 흘러가는 일상에서
아프면 아프다고 힘들게 참지 말라고
꼭 안아 줄 이 없는 나처럼

엇박자

밥 잘 주는 아파트 건너편
밥 먹기도 힘든 아파트 한 귀퉁이
꼭두새벽부터 골목길을 오가며
수많은 경쟁자와 굿굿이 맞선 흔적이 쌓여있다

"김 씨"
"오늘 돈 많이 벌었소"
"얼른 103동 앞에 가보소, 돈 마이 있다"는 경비원

"저! 시발럼은 나만 보면 지랄이다"며
비에 젖어 흐물 해진 종이상자처럼
취하고 버린 시퍼런 소주병처럼 육두문자를 갈긴다

돌아보면 귀하지 않았던 게 어디 있든가
작은 것도 소중히 봐서 얻고
귀한 것을 소홀히 봐서 놓쳤다

살아온 날보다 살아갈 날이 짧은 人生
왜 이렇게 해를 보듯 달을 보듯 하는가
후회 없이 빈 수레에 잡동사니 말끔히 비우고 갔으면

끝없는 유혹

짧아진 낮의 꼬리를 잡고
야한 옷으로 갈아입는 도시의 금빛 레스토랑
옥상에 루프탑 바(bar)
선술집 펍(pub)
스카이라운지 칵테일 위스키보다
고통과 고민, 괴로움과
끊임없이 쟁탈전을 벌린 생의 눈물을
감싸주던 별빛 한잔에 더 취한다

잠들지 않은 사람들의
발톱과 바닥이 맞닿는 고층 아파트
창문 틈으로 새벽냄새가 묻어오는 숲 속에 전원주택
아르데코 양식에 호화로운 저택
우람한 배흘림기둥에 기와집보다
사는 곳에 연연하지 않고
푸른 날들이 자라 가슴에 붉은 꽃을 피우던
내 고향 서부골이 더 안온하다

길 위에 길

누가 알아주지도 않는데 무엇에 홀린 듯
좁은 세상 통로를 부리나케 열고
있는 자 가진 자만이 살아남는
콘크리트 유토피아로 향한다
人生이란
열정을 가지고 달려가는 삶
얼마나 달리고 내달렸던가
햇살 좋은 날이나
날씨 궂은날에도
온 힘을 다해 움켜잡은 돈
아등바등 힘겹게 쌓아 올린 명예
나도 꽃처럼 희망이 피던 때가 있었는데
나도 꽃처럼 오라 손짓하는 데가 있었는데
세월의 무상함이여
어느새, 이마에 인생 훈장이 새겨진
초로初老의 나이가 되고 보니
모든 것이 헛것 같다

그리움

진달래 움터
명지바람 치쓸면 오시려나
염천 뙤약볕
소낙비 붙들고 오시려나

산천초목 가을 품어
색동옷 걸치면 뵈려나
엄동설한
눈 녹고 땅 드러나면 뵈려나

짝 잃은 기러기
님 그리워 우지 짖고
어미 잃은 자식
기댈 곳 없어 울먹인다

궁합

찬바람 불면 찬바람 맞고
찬 이슬 내리면 찬 이슬 맞은 쑥
차가움을 덮는 것은 뜨거움이 아니라며
차가운 바닷물에 몸을 키운 도다리
서로를 품고 하나가 된다
분명 나고 자란 곳이 달라
살아서는 만날 수 없는 운명이
뜨겁게 허물어져 어우러지는 환상의 조합이다
다시 거뜬히 여름을 맞는 봄의 숨결이다
통통한 속살에 갓 트인 잎사귀
향긋한 향기와 뽀얀 국물에
움츠렸던 몸이 따뜻해지는 모자람 없는 사랑이다
그들은 우리에게
짧은 만남에 긴 이별을 남겼다

눈물바다

잠 못 이루며 떠났던 길
철갑옷을 입은 세월이
짙은 안개를 깔고 수평선에 누웠다
해일처럼 일어나는 고통에도 기다리라는 말뿐
그토록 콩닥콩닥 쉼 없이 뛰던 심장들은
다 어디로 갔을까
그물에 걸리지 않는 바람일까
너른 허공을 훨훨 나는 저 새일까
비가 내리는 날이면 깊고 어두운 뱃길을 비춰주는
밝은 등대일까
속절없이 가버린 10년
하늘아, 너는 알지
절절히 울부짖던 304개의 노란 리본은
가장 아름다운 모습으로
우리의 가슴속에 살고 있다는 것을

*세월호 10주기를 기억하며

사랑, 그 후

보고 있어도 보고 싶고
곁에 있어도 그립다더니
엄마의 자리가 힘겨워 잔소리를 하고
가장의 무게에 지쳐 술을 마신다

내 맘을 앗아간 너
내 눈을 멀게 한 너라며
말로만 사랑을 짓거리고
입으로만 사랑을 떠들어댄다

모래성을 쌓는 일만큼 인내가 필요한 삶
그건 안돼 그건 아니야
존중과 배려가 없는 사랑이야말로
창살 없는 감옥이다

사랑하자!
아픔과 눈물을 감수하는 사랑 말고
살짝 웃으면 온 땅이 환한 그런 사랑
있는 힘껏 사랑했던 마음을 마지막까지 지켜가자
입으로 하는 사랑은 향기가 없다

보리암

쪽빛바다 일렁이는
관음기도도량 보리암

영험과 자비를 얻고자
거친 숨 몰아쉬며 쌍홍문을 파고든다

천년세월
남해 기염절벽을 디디고 서서
유한한 미소로
세상의 소릴 듣는다

산이요
물이요
동종소리 울려 퍼지면

이슬 맺힌 새벽가지에
붉게 걸린 저 태양이
무명을 밝히는 관세음보살인 것을……

시가 뭐길래

오랜 침묵이 스민 방과 후 교실
밥이 생기는 것도
명예를 얻는 일도 아닌데
말갛게 분을 바른 할머니들이
분홍 꽃망울처럼 마주 앉아 감성을 터트린다
덕지덕지 묻은 풍파
저벅거리고 억눌렀던 골진 사연
몽당몽당 잘라버리고
앞치마 허리끈 묶듯 속에 것 움켜쥐고 있으니
구겨진 종잇장처럼 쉬이 펴지지 않는다
못나고 틀에 박힌 것 도리질 한방에 더 엉클린 시어
뭔 놈의 시가 될 법도 한데
몇 년을 쓰도 제자리일까
결국
가슴에 녹아들지 못한 미완의 작품들이
눈치만 살핀다

그 남자

한 잔 술에
저 하늘 별도 따보고
밤새 빌딩도 서너 채 지어보고
이룰 수 없는 허망한 욕심도 부려본다

한 잔 술에
변치 않는 사랑도 울려보고
몹쓸 생각도 담아보고
뻥 뚫린 가슴속 한점 미련도 걷어본다

한 잔 술에
쓸데없는 똥고집도 피워보고
잘난 왕년도 읊어보고
순간순간 삶이 소중했노라 위무도 해본다

5부
마지막 말

하늘만 보면

활짝 핀 백합 같은 얼굴로
이승에 고단함을 내려놓는 어머니
금자둥이 길러주신 그 사랑을
받기만 하였습니다
꼴랑 몇 푼에 죽을 둥 살 둥
온몸이 부서져라 피땀을 쏟았던 통증들을
오래도록 주물러드리고 싶어도
휠체어를 놓지 못한 불효자가 되어 울먹일 때
눈도 뜨지 못한 채
삭정이 같은 팔로 휘휘 저어 주셨지요
"상아! 괜찮다 울지 마"란 걸 왜 모르겠습니까
어머니는 그런 분이셨습니다
이제 가면 영영 못 올 언저리를 맴돌면서도
그윽이 평화로운 모습으로
아들을 걱정하시던 그 마음이
유훈으로 남아
하늘만 보면 눈물이 납니다

첫눈

은빛 물결을 닮은 머리칼처럼
깊은 밤을 틈타 푸르름으로 술렁이는
보리의 연한 뿌리를 꾹꾹 밟아주기도 하고
살을 받고 뼈를 받은 우리 부모님 비석에
순면 목화솜을 덮어주기도 하고
꽃망울을 터뜨린 매화처럼
잠시 머물다 사라지는 청춘을 보여주기도 하고
오랜 시간 독불장군 같은 바위 위에 앉아
바람의 존재를 펼치기도 한다
쥐면 닳을세라 불면 나를세라
함박눈이 아니라도 좋다
한 줌도 안 되는 잔설이지만
내 영혼에 깃든 그리움 잠시 달래주면 되는 것을

금병산

금병산은 누군가에겐 길잡이가 되고
누군가에겐 쉼표가 되고 누군가에겐 터전이 된다

마치 먼 길을 떠난 자식이 굶을까 봐
밥을 차려놓고 기다리는 아버지 어머니 마음처럼
너른 품 열어두고 누구라도 기꺼이 맞아준다

널리 뻗은 산줄기 위로
햇살이 공평하게 내리는 서부골
소 풀 먹이던 시절도
자치기, 구슬치기, 비사치기하던 추억도
모두가 겹겹이 접힌 능선처럼 어디 하나 모난 데가 없다

평탄하기만 한 삶이 없듯
꽃길이기만 한 산도 없다
순한 산이라도 제 높이만큼의 비탈을 품고 있는 법
친구들아,
그 크고 작은 오르막을 오르내리는 동안
코흘리개 촌동들이 황혼의 고갯마루에 섰다
금병산은 수없이 우리의 번영을 지켜본
진영의 근간이자 자부심이다

절정

낙엽은 얇은 바람에도 몸을 떨군다
낙하는 곧 생을 향한 상승이다
풀향기 흙냄새 여름 내내 초록 안에 숨겨놓은
저만의 색을 이러도 곱게 풀어놓는데
어찌 그해 가을을 짐작지 않으리오
한 홉의 비와
한 되의 바람과
한 말의 햇살이 채워져
산이 붉고
물이 붉고
사람의 얼굴마저 붉게 물든다
오롯이 중심만을 뿌리에 남긴 채
땅으로 떨어져 다시 푸른 잎으로 돋아난다
썩지 않고서야 결코 실현할 수 없는 꿈
죽음만이 부활을 가능케 한다

그 겨울 내내

젖을 찾아 가슴팍을 헤집던 누렁이처럼
산비탈에 머리를 그루박고
돼지감자와 배추꼬랑이 캐 먹던
그 겨울 내내 따뜻했네

넓게 켠 판자로 썰매를 타고
숨바꼭질 육박전 다 받아주던 뒷산에
편안히 누운 봉긋한 묏등처럼
그 겨울 내내 따뜻했네

솔솔바람에 산까치 지저귀고
나지막이 햇살 나부끼는 넓은 뜨락에
이불 홑청 고구마 빼떼기 늘어 말리던
그 겨울 내내 따뜻했네

동치미 국물에 살얼음 얼면
밀가루 반죽에 두불콩 흩뿌려
둥근 보름달 같은 부푸리 빵 쪄주시던
그 겨울 내내 따뜻했네

그런 인연

진흙탕에도 물들지 않는 고결한 연꽃
하얀 천사처럼 단장한 귀요미 몰티즈
후끈, 여름을 벗어던진 편안한 샌들
은행잎 위를 소담스레 걷는 가랑비
고독과 그리움이
기분 좋게 감싸던 바다
그 위를 평화롭게 유영하던 조각배
토라진 마음을 위로하던 레드와인
두텁게 올린 거품에 시나몬 가루를 뿌린
부드러운 카푸치노 같은
행여, 나도
"참 괜찮다" 느낌이 드는 그런 인연을
찾고 있는 건 아닐까
서로 마음이 통하고 뜻이 통하는 그런 인연을……

속내

햇살이
괜스레 친한 척을 해도 걱정
소슬바람 한줄기
힐끗 노려봐도 걱정
현실의 무게에 고개 떨구지 않았으면

모진 시련에
힘들어할까 봐 걱정
몹쓸 아픔이 괴롭힐까 봐 걱정
혼자 감내할 몫에 꿈이 꺾이지 않았으면

볼이 발그란 장미처럼
눈물이 들지 않게 하시고
한낮 구름사이로 비쳐드는 별뉘처럼
그저 웃음 끊이지 않게 하소서

마지막 말

울 것 없다
볼 수 없는 바람은
서로 부여안고 어디론가 흘러가고
구름은 흩어졌다 어디선가 다시 모이는데
아무 짝에도 쓸모없는 인간을 데려가
고단한 삶을 마치게 해 주니
고마울 뿐이다
꿈 많던 밤을 딛고 와서
아침햇살에 안개처럼 가볍게 가라고
부질없는 고통과 이별하게 해 주니
고마울 뿐이다
봄은 다시 오고 잎새는 새롭게 돋아나는데
긴 인생 터널 한가운데서 잊히는 슬픔보다
내게 골병든 허리로 세월과 맞설 일이 걱정이다
잘 웃고, 잘 울던 당신
미안하고 고맙다
그리고 당신 있어 행복했다
내 마음 다 드러낼 수 있었으면 좋으련만

뿌리

맷돌처럼 곱게 으깨고
칼날처럼 균일하게 자르며
오로지 나만을 위해 평생을 일만 하던
그 기둥이 흔들리네
오복 중의 하나인 대들보가 무너지네
골목길 어디에서 불고기 냄새가 실어와도
조물조물 봄나물을 무쳐내어도
그 향기조차 씹지 못하네
부드러운 생크림에도
입안 가득 얼얼함이 고이네
무엇이 그렇게 힘들게 했을까
무엇이 그렇게 아프게 했을까
이제 시린 뿌리와 이별을 맞아야 하네
뼛속 깊이 배짱이 두둑한 중심하나
다시 세울 수 있을까

말하는 대로

무릎을 꿇고
사랑하는 사람 앞에서 고백하는 세레나데처럼
세상 모든 것에 간절히 빌며 혼연의 의기를 뿜더니
술 앞에선 인생 별거 없다며 마시고 죽잔다
아무리 의미 없는 인생도 그저 얻어진 게 아니다
배고파서 죽고, 배불러서 죽고
심심해서 죽고, 좋아서 죽고
만사가 결핍에 몸부림을 친다
책임질 수 없는 말은 하지 말자
내가 한 말 때문에 올가미를 쓸 수도 있다
말하는 대로 거두고
말하는 대로 이루어진다는데
과연 그리 쉽게 할 수 있을까
뼈가 있다
씨가 된다
말은 자신의 내면을 반영하는 가장 중요한 지표다

유채꽃 사랑

햇살이 흩뿌린 초록바람사이로
살포시 속살을 내민 노란 유채꽃
무뎌진 손톱으로 고이 껍질을 벗겨
달콤함을 꼭꼭 씹어라든 그 한마디

벌 나비같이 엉겨 붙어
문지르고 헤집던 육 남매
자장가 대신 물려주시던 어머니
부드러운 젖가슴 같아 참 좋다

때 이른 초여름 더위를
오월의 길목이 저 마치 넘어다보면
냉기 어린 우물에 사나흘 익혀 내놓은
시큼한 유채물김치 한 그릇

땡볕을 밀짚모자처럼 눌러쓰고
들(野) 먼지를 툴툴 털며
반지래 자전거를 닦으시던 아버지
낡은 메리야스에 맺힌 땀내 같아 참 좋다

스마트 폰

새롭게 변해가는 세상의 틀 속에서
다리에 정맥을 빨던 거머리처럼
인간의 몸에 찰싹 붙은 기생충
이 눈치 저 눈치 안 보고
이곳저곳 가리지 않는다
풀잎 끝에 앉은 반딧불이가
반짝반짝 빛이 나듯
불 꺼진 방 베개밑을 누비고 다니며
비명을 지른다
얼굴을 맞대고 차 한잔 마시면서도
친구처럼 호들갑을 떨며
철없이 행복해하는 천덕꾸러기
제각기 쓸쓸한 사람과 사람을 잇는 도반일까
단톡방이나 기웃대며
심술 불을 지피는 불청객일까

명命

가시는가
다들 무너질 듯 눈시울 적시는데
순백의 국화 한아름 보듬고 천진하게 웃고 있는가
사랑하는 사람들은 다 어쩌라고…….
그토록 살고파 하다 마지못해 가는 길이
푸른 하늘을
훨훨 나는 새 같이는 않겠지
고되고 힘들면 꽃잎에 앉아 잠시 숨 좀 고르고 가시게
영영 머물 수 없는 가시방석 같은 세상에서
누가 먼저랄 것도 없지만
온갖 일에 파묻혀 허덕이는 우리가 처량하겠지
머잖아 이 짧은 목숨 흙으로 돌아가는 날
그 미소의 뜻을 알지 않을까 싶네
국화꽃이 되비치는 땅바닥을 보며
접혔던 무릎 세워 향을 피우고
애도를 놓고 가네

같은 듯 다른
- 여자

사랑해— 나도
고마워— 나도
미안해— 나도
적실 듯, 스밀 듯 사랑을 주는 이십 대

사랑해— 말만
고마워— 말만
미안해— 말만
손길, 말 한마디를 갈망하는 삼십 대

사랑해— 됐네
고마워— 됐네
미안해— 됐네
침묵 속에서 견딜 힘을 찾는 사십 대

외로움의 구덩이에서 자유로운 오십 대

같은 듯 다른·2
- 남자

사랑해— 응
고마워— 응
미안해— 응
서로 가르쳐주고 알아가는 이십 대

사랑해— 어
고마워— 어
미안해— 어
혼자 있는 것을 받아들이는 삼십 대

사랑해— 뭐
고마워— 뭐
미안해— 뭐
나만의 공간에서 위안을 찾는 사십 대

보이지도 않고 들리지도 않는 오십 대

이별의 슬픔

키를 돌리면
야생마처럼 일사천리를 달래던 놈이
이제는 첫발부터 숨통이 막혀 죽을 것처럼 꺽꺽댄다
어르고 달래온 15년
듬직한 세단 핫한 SUV 사이에서
LPG에 의지한 25만 km
놓아주란다
좋은 곳으로 보내란다
뼈마디 닳아 자지러지게 우는 걸 알면서도
그러질 못한다
인연의 고리를 엮은 정 때문에 돌아설 자신이 없다
땀을 뻘뻘 흘리며 기어가더라도
마음 굳게 먹고 2년만 더 버티자
딸내미 공부 마칠 때까지만
나도 좀 살아야지

어머니와 향나무

키 작은 향나무 한그루가 누런 바늘잎을 털어낸다
몇 해를 햇빛과 수분을 공급받으며 베란다 한 모퉁이를
지켜왔는데 어느 날부터 시름시름 앓기에 "볕과 물만
준다고 다 사나 동무도 있어야 하고 관심과 애정이
깃들어야지" 하시며 조용히 화분을 보듬고 내려가
아파트 화단에 심어놓고 올라오셨다
영산홍처럼 화려한 꽃도 천리향같이 그윽한 향기도
맺지 못하지만 한창나이에 교통사고로 시들어버린
아들에게 다시 일으켜 세우려는 꼿꼿한 지팡이 같은
장송이 필요했고 창을 통해 바라보던 푸른 세상을
가까이서 보여주려 정화수 같은 마음을 주었기에
삼십여 년이 지난 지금에야 키가 3m가 넘고
가슴둘레는 만경창파다
자식에 대한 어머니의 사랑이 덧거름이 되어서인지
차츰 청청함을 간직했지만 어머니께서 세월 앞에
조락하여 향나무의 길을 대신하셨다 지금은
회색마천루에 가려 애정결핍에 땅 넓은 줄만 알지만
곱게 빗질한 모습에서 언뜻언뜻 어머니의 지난날의
흔적들이 피어나기에 나 또한 향나무에 마음을 심으려
한다
훗날 나의 딸이 그리움이란 단어 앞에 눈물짓게 된다면
품 넓은 할머니의 자애로운 사랑과 채워주지 못한
아빠의 마음을 전해 줄는지

다시 걸을 수 있다면

안진상 시집

   초판인쇄 / 2024년 10월 20일
   초판발행 / 2024년 10월 25일

   발행인 / 김영선
   지은이 / 안진상
   발행처 / 한맥문학출판부
         서울시 서대문구 통일로 479-5
         등록 1995년 9월 13일(제1-1927호)
         전화 02)725-0939, 725-0935
         팩스 02)732-8374
         이메일 hanmaekl@hanmail.net

값 / 15,000원
ISBN 979-11-93702-15-4

* 이 책은 서울문화재단 '2024년 장애예술인 창작활성화 지원사업'의 지원을 받아 발간되었습니다.